DES

CRIMES POLITIQUES

EN MATIÈRE D'EXTRADITION

PAR

Louis RENAULT,

Professeur agrégé à la Faculté de droit de Paris,
Professeur de droit international à l'École des sciences politiques.

Extrait du *Journal du Droit international privé et de la
Jurisprudence comparée*, année 1880.

PARIS

MARCHAL, BILLARD ET CIE

LIBRAIRES DE LA COUR DE CASSATION, 27, PLACE DAUPHINE.

1880

DES

CRIMES POLITIQUES

EN MATIÈRE D'EXTRADITION

DES

CRIMES POLITIQUES

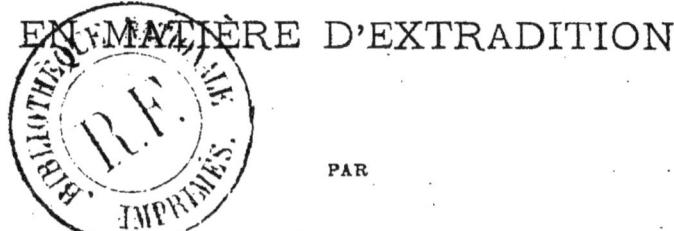

EN MATIÈRE D'EXTRADITION

PAR

Louis RENAULT,

Professeur agrégé à la Faculté de droit de Paris,
Professeur de droit international à l'Ecole des sciences politiques.

Extrait du *Journal du Droit international privé et de la
Jurisprudence comparée*, année 1880.

PARIS

MARCHAL, BILLARD ET Cᴵᴱ

LIBRAIRES DE LA COUR DE CASSATION, 27, PLACE DAUPHINE.

1880

DES

CRIMES POLITIQUES

EN MATIÈRE D'EXTRADITION.

1. C'est peut-être en ce qui concerne les faits politiques que l'extradition de notre temps diffère le plus de l'extradition telle qu'elle a été longtemps pratiquée. Autrefois, en effet, on ne s'inquiétait guère de ceux qui, après avoir commis des crimes contre des particuliers, réussissaient à échapper à la justice et à se réfugier à l'étranger. Ce n'est qu'à une époque relativement récente que les relations entre les États sont devenues régulières par l'établissement de légations permanentes ; jusque-là, les communications officielles étaient rares et n'étaient motivées que par des intérêts de premier ordre; on n'envoyait pas une ambassade spéciale pour réclamer un voleur ou un meurtrier. Il en était autrement, s'il s'agissait d'un individu qui, après avoir conspiré contre le souverain ou tenté de s'emparer du pouvoir, s'était réfugié dans un pays voisin. Le ressentiment de ceux qui avaient été menacés par son entreprise était particulièrement vif, d'autant plus qu'il s'y mêlait souvent la crainte de nouvelles tentatives. On suivait l'individu dans le pays où il avait trouvé asile, on demandait qu'il fût livré afin de pouvoir se venger et, en même temps, le mettre hors d'état de nuire. C'est ainsi que presque tous les cas d'extradition, qui se placent dans l'antiquité, se réfèrent à des réfugiés politiques, et il en a été encore ainsi le plus souvent au moyen-âge et jusqu'à une époque voisine de la nôtre.

2. De temps à autre, des individus, chassés de leur pays par des persécutions politiques ou religieuses, trouvèrent un asile assuré à l'étranger. Mais ordinairement cette protection fut plutôt motivée par la communauté d'idées avec les réfugiés, par la haine pour le gouvernement de leur pays d'origine, que par le sentiment raisonné d'un devoir moral ou juridique. Ainsi, sous Philippe II, Antonio Perez, accusé de haute trahison, d'hérésie et même d'assassinat,

trouva un asile inviolable en France et en Angleterre, parce qu'il servit les combinaisons politiques des souverains de ces deux pays. Ainsi encore, après la révolution anglaise de 1688, les Jacobites se réfugièrent en France; après la révocation de l'édit de Nantes, les protestants, persécutés par Louis XIV, trouvèrent un asile en Angleterre, en Hollande, dans plusieurs États allemands. Mais dans ce même XVIIe siècle, on avait vu l'Angleterre réclamer et obtenir de la Hollande et du Danemark l'extradition de plusieurs individus auxquels on ne reprochait que d'avoir voté la mort de Charles Ier.

3. Au XVIIIe siècle, la pratique de l'extradition a été régularisée par divers traités, qui comprenaient les *crimes d'État* aussi bien que les crimes communs, et il en a été ainsi pour la France jusqu'en 1830 (1). Suivant un auteur allemand (2), la règle que l'extradition n'a pas lieu pour les faits politiques n'aurait été admise en principe et formulée dans les textes que depuis la révolution de juillet (3). Cela est peut-être vrai pour le continent européen, mais la pratique de l'Angleterre était en ce sens depuis un certain nombre d'années (4). Je n'ai pas à indiquer les différents faits ni même les traités qui, en ce siècle, ont été contraires à cette règle ; on connaît notamment les diverses conventions auxquelles a donné lieu la malheureuse Pologne. Le cas le plus notable qui ait soulevé une discussion publique sur l'extradition pour cause politique fut celui des réfugiés hongrois. Après que la révolution hongroise eût été, en 1849, comprimée par l'Autriche, grâce au secours de la Russie, un assez grand nombre d'individus, compromis dans l'insurrection, réussirent à pénétrer en Valachie où ils furent reçus avec humanité par les autorités turques. Le gouvernement autrichien et le gouvernement

---

(1) Un traité de 1828, conclu avec la Suisse, comprend encore les *crimes d'État*. — « Les crimes politiques s'accomplissent dans des circonstances si difficiles à apprécier et ils naissent de passions si ardentes, qui souvent sont leur excuse, que la France maintient le principe que l'extradition ne doit pas avoir lieu pour faits politiques. C'est une règle qu'elle met son honneur à soutenir. *Elle a toujours refusé depuis* 1830 *de pareilles extraditions* ; elle n'en demandera jamais. » (Circulaire du garde des sceaux du 5 avril 1841.)

(2) Dallmann, dans le *Staatswörterbuch* de Bluntschli, vo *Auslieferung*.

(3) Suivant lui, la règle est *neueren Ursprungs und gehört der französischen Rechtsbildung seit der zweiten Revolution an*.

(4) V. notamment la discussion qui eut lieu à la Chambre des communes le 1 mars 1815 et où sir James Mackintosh fit un remarquable discours.

russe, se fondant sur d'anciens traités, demandèrent l'extradition des fugitifs. La Turquie, soutenue par l'Angleterre et la France, la refusa (1). Ce fut au cours des négociations qui s'engagèrent alors que lord Palmerston écrivit une dépêche souvent citée (2) et dans laquelle, après avoir établi que les traités invoqués par l'Autriche et la Russie ne justifiaient pas la demande d'extradition, il disait : « Dans « cette situation, la question est de savoir si les usages interna- « tionaux ou les devoirs de bon voisinage appellent le sultan à faire « ce à quoi il n'est pas obligé par traité. S'il est actuellement une « règle qui, plus que toute autre, ait été observée dans les temps mo- « dernes par tous les Etats indépendants, grands ou petits, du « monde civilisé, c'est la règle de ne pas livrer les réfugiés politiques, « à moins d'y être contraint par les stipulations positives d'un traité : et « le gouvernement de Sa Majesté croit qu'il y a peu d'engagements « de ce genre, si même il en existe. Les lois de l'hospitalité, les exi- « gences de l'humanité, les sentiments naturels à l'homme se « réunissent pour écarter de telles extraditions, et tout gouverne- « ment indépendant qui de lui-même en accorderait une de ce genre, « serait à juste titre et universellement stigmatisé comme s'étant « déshonoré (3). » Comme on le sait, l'extradition n'eut pas lieu et des mesures d'internement furent seulement prises à l'égard des réfugiés.

4. On peut dire que, depuis, le *droit d'asile* (4) n'a plus été contesté pour les *réfugiés politiques*, qui sont plus assurés qu'ils ne l'ont été en aucun temps, de n'être pas livrés à leurs ennemis. Les publi-

---

(1) V. à ce sujet les très intéressants documents communiqués au Parlement anglais en 1851 et 1852 : *Correspondence respecting refugees from Hungary within the Turkish Dominions.*

(2) Cette dépêche, du 6 octobre 1849, est adressée à lord Bloomfield, ambassadeur d'Angleterre à Saint-Pétersbourg.

(3) *Any independent Government, which of its own free will were to make such a surrender, would be deservedly and universally stigmatized as degraded and dishonoured.*

(4) Il faut se garder d'une confusion : il n'y a pas pour les réfugiés de *droit à l'asile* en ce sens qu'ils pourraient s'imposer au pays dans lequel ils sont venus s'établir ; ce serait contraire à toutes les notions de la souveraineté. Dans l'asile donné aux proscrits, il y a pour le pays de refuge l'exercice d'un droit et souvent d'un devoir, mais d'un devoir moral. Il ne faut pas oublier non plus que ce pays a aussi des obligations internationales et que celles-ci ne doivent pas être méconnues par suite de l'asile ; ce n'est pas le lieu d'indiquer comment ces diverses idées peuvent être conciliées.

cistes et les gouvernements, la Grande-Bretagne et la Russie proclament également que l'extradition n'a pas lieu pour crimes et délits politiques ; une clause à ce sujet se trouve dans presque tous les traités en vigueur (1), outre que ces traités ne comprennent pas, dans l'énumération des faits auxquels ils s'appliquent, les crimes et les délits purement politiques (2). Même pour les traités très rares qui ne contiennent pas de clause formelle (3), il est permis d'affirmer que l'état de l'opinion publique sur ce point est tel qu'aucun gouvernement ne demanderait et surtout qu'aucun gouvernement n'accorderait l'extradition d'un individu auquel on ne reprocherait que des faits de nature politique. ⌐

5. Après avoir constaté que les faits politiques, crimes ou délits, étaient aujourd'hui, par un accord unanime, mis en dehors de l'extradition, il s'agit de rechercher si cette règle peut se justifier et de quelle manière ; il faut aussi en préciser la portée, ce qui est la partie la plus difficile de ma tâche.

6. Et d'abord, la règle admise pour les délits politiques se concilie-t-elle avec le principe de l'extradition ? on a prétendu que non ;

---

(1) Des nombreux traités de la France, il n'y a, je crois, que le traité conclu le 9 novembre 1843 avec les États-Unis qui ne contienne pas la clause. Les traités conclus par la Russie avec la Belgique, l'Allemagne, l'Italie, l'Autriche-Hongrie, la Suisse, renferment la clause ordinaire. Du reste, cette clause n'est pas toujours conçue dans les mêmes termes ; tantôt il est dit : « les crimes et les délits politiques sont exceptés de la présente convention », tantôt on excepte également les *faits connexes aux délits politiques*. Le *projet de loi* sur l'extradition, voté par le Sénat en avril 1879, dit en termes généraux que l'extradition n'aura pas lieu *lorsque les crimes ou délits auront un caractère politique* (art. 3, 2°). J'aurai occasion d'apprécier les diverses formules adoptées par les lois ou les traités.

(2) La loi hollandaise du 6 avril 1875 ne contient aucune disposition expresse au sujet des crimes et délits politiques ; elle s'est contentée de les exclure de la liste des faits pour lesquels elle permet l'extradition.

(3) Il en est ainsi pour le traité signé en 1842 entre l'Angleterre et les États-Unis et qui est encore en vigueur. En transmettant le traité au Sénat, le président Tyler fit remarquer que la disposition était soigneusement restreinte aux faits regardés comme criminels par l'humanité entière ; l'énumération a eu pour but d'exclure tous les délits politiques ou les accusations motivées par des faits qui se sont produits dans une guerre civile ou dans une révolution intérieure.

suivant un auteur allemand que j'ai déjà cité (1), on chercherait vainement un motif juridique ou politique de cette restriction ; le vrai motif est indiqué par l'époque où elle a été admise (1830). Un gouvernement, qui doit son existence à la révolution, ne peut, sans démentir son caractère, coopérer à la répression d'attaques dirigées contre la Constitution d'autres États et, par voie de conséquence, il étend cela aux crimes politiques de moindre importance.

En ce qui touche les maux qu'ils peuvent entraîner, les crimes politiques sont toujours plus dangereux que les crimes de droit commun, parce que l'effet produit ne se restreint pas à un individu et à un lieu déterminé. Sans aller jusqu'à la guerre civile et aux terribles explosions de juin 1848 ou de mars — mai 1871, une simple insurrection, presque aussitôt réprimée, produit un grand mal matériel et moral dans le pays tout entier ; elle a souvent même son contrecoup dans les pays étrangers qui sont dans une situation analogue à celle du pays où elle a pris naissance. Pourquoi dès lors l'extradition ne s'appliquerait-elle pas, puisque l'intérêt réciproque des États est encore plus en jeu que pour les crimes communs ? Et il importe de remarquer que cet intérêt existe, abstraction faite de toute forme de gouvernement. Un État républicain, comme un État monarchique, peut trouver criminelle toute tentative faite pour renverser violemment la Constitution d'un pays et il ne répugnerait pas aux idées de droit de l'un ou de l'autre de contribuer au châtiment d'individus qui auraient amené la guerre civile dans leur patrie, que les institutions de celle-ci fussent monarchiques ou républicaines.

7. On a invoqué la différence des mobiles qui font agir les délinquants. « Les crimes politiques supposent plus d'audace que de perversité, plus d'inquiétude dans l'esprit que de corruption dans le cœur, plus de fanatisme que de vice » (F. Hélie) ; ils constituent des faits punissables en vertu de prescriptions positives, souvent cruelles et arbitraires, non des règles supérieures de la conscience et de la morale. On fait ici trop beau jeu à ceux, quels qu'ils soient, qui emploient la violence pour amener un changement dans les institutions de leur pays. D'abord, on passe trop facilement condamnation sur les moyens blâmables en faveur du but, plus ou moins louable. De plus, à côté de celui qui souffre de voir son pays opprimé, qui, sans être atteint dans ses intérêts matériels et sans espérer un profit personnel

_____

(1) Dallmann, *loc. cit.* L'opinion contraire ayant été adoptée par Pözl dans le même dictionnaire (v° *Asyl*), la direction du Recueil a étudié la question à la suite du mot *Auslieferung* et pris parti pour la doctrine commune.

de son entreprise, essaie de secouer le joug qui pèse sur ses conci-
toyens et les appelle aux armes en courant tous leurs dangers,
combien y a-t-il de misérables ambitieux, animés de passions tout
aussi viles que celles qui inspirent l'assassin ou le voleur? Ce sera le
ressentiment d'une injure personnelle, peut-être d'un châtiment
mérité; ce sera la cupidité, le désir effréné d'une haute position qui
ne peut avoir chance d'être satisfait qu'à la faveur d'une commotion
violente. Quelquefois les habiles s'arrangent de manière à ne courir
aucun danger personnel et à trouver un abri sûr en cas d'insuccès·
Sont-ils dignes de l'auréole dont on se plait trop volontiers à entourer
les auteurs de crimes politiques et la morale ne se joint-elle pas au
droit positif pour flétrir leur conduite (1)?

8. Je ne veux cependant rien exagérer et j'ai tenu surtout à protester contre certaines explications trop facilement acceptées. Je
reconnais qu'il y a une raison décisive pour que l'extradition ne soit
pas appliquée aux faits politiques. Le pays de refuge ne pourrait
livrer leurs auteurs que si, conformément au principe fondamental de
la matière, il trouvait que la répression qu'il aide à procurer est juste;
autrement son assistance ne serait pas légitime. Les crimes dits
communs ont le même caractère dans tous les temps et dans tous les
lieux; ils sont en eux-mêmes également immoraux et dangereux,
quelque différente que puisse être la culpabilité individuelle de leurs
auteurs. L'immoralité des crimes politiques varie beaucoup, abstraction faite des sentiments de ceux qui les commettent, suivant les
circonstances dans lesquelles ils se produisent, la légitimité ou l'illé-
gitimité des pouvoirs auxquels ils s'attaquent, leurs procédés de
gouvernement. Dans le pays où ils sont commis, c'est le résultat qui
sert de juge; que le coup d'Etat ou la révolution triomphent, leurs
auteurs sont glorifiés ; qu'ils échouent, ils sembleront encore moins
des criminels que des vaincus. Qui jugera définitivement du caractère
de l'entreprise? C'est l'histoire, et encore ses jugements sont
longtemps passionnés. Est-il aisé actuellement, en France, d'apprécier des événements comme la prise de la Bastille ou le coup
d'État du 18 brumaire, sans être influencé par les luttes politiques de
l'heure présente? Ne venons-nous pas d'assister à une vive polémique au sujet d'Etienne Marcel, que des historiens et des publicistes, également démocrates et républicains, représentent, les uns

---

(1) V. ce qu'a dit le comte Grey à la Chambre des lords le
24 juillet 1876.

comme un traître, les autres comme un des ancêtres les plus méritants de la démocratie.

S'il est difficile, même à un homme de bonne foi et à distance, d'apprécier impartialement des événements de ce genre, cela est impossible à un État étranger. Il y aurait, en effet, les plus grands inconvénients à ce qu'un gouvernement fût appelé à porter un jugement sur la conduite d'un autre gouvernement. Accorder ou refuser l'extradition pour des individus accusés de crimes politiques, ce serait s'immiscer dans les affaires intérieures d'un autre État, déclarer qu'elles sont gérées de telle façon que l'attaque contre les pouvoirs établis ne se justifie pas, ou, au contraire, est excusable, sinon légitime. Il est préférable qu'une pareille question ne soit pas soulevée (1).

9. La considération essentielle qui, à mon avis, justifie la pratique actuelle en ce qui touche les réfugiés politiques, est donc que l'État requis ne serait pas sûr que la répression fût juste à raison des circonstances très diverses dans lesquelles ont pu se produire les faits incriminés, à quoi il faut ajouter que, la répression étant juste en elle-même, le jugement pourrait ne pas être rendu dans des conditions suffisantes d'impartialité; les deux idées doivent être combinées. Il ne faut pas donner comme raison, ainsi qu'on le fait quelquefois, que c'est surtout pour les incriminations politiques qu'il y a des divergences entre les législations, que tel fait, regardé ici comme l'exercice d'un droit, est ailleurs sévèrement puni. Une telle considération n'a aucune valeur. Si, en effet, on appliquait l'extradition aux faits politiques, ce ne pourrait être que conformément aux principes généraux de la matière, qui exigent que le fait, pour lequel l'extradition est réclamée, soit également tenu pour illicite par la législation des deux pays. Un pays, qui admettrait la liberté illimitée de la presse, ne livrerait pas des individus inculpés de délits de presse, pas plus qu'un pays, qui admet la liberté du taux de l'intérêt, ne livre des individus pour usure. Mais il y a des faits politiques réprimés dans tous les pays, quelle que soit leur organisation constitutionnelle. Partout c'est un crime de recourir à la violence pour amener un changement dans les institutions; la condition générale que le fait soit réprimé dans les deux pays est alors remplie ; seulement des motifs spéciaux, tenant à la nature du fait, expliquent que l'extradition n'ait pas lieu.

(1) Cf. Fiore, dell' estradizione, n° 434; Teichmann, les délits politiques, le régicide et l'extradition, p. 12. (Cette brochure, qui a paru récemment, est extraite de la Revue de droit international ; M. Teichmann est professeur à l'Université de Bâle.)

10. Je fais remarquer, et cela n'est pas sans importance, que les motifs du refus de l'extradition pour les crimes politiques s'appliquent également, quelles que soient les institutions respectives du gouvernement requérant et du pays de refuge. En admettant qu'elles soient les mêmes, cela n'entraîne pas nécessairement cette conséquence que l'un des deux pays approuve entièrement la conduite des affaires dans l'autre et puisse aveuglément l'aider à faire respecter son autorité, en lui livrant ceux qui l'ont méconnue (1). Deux Constitutions, identiques ou au moins très analogues, peuvent produire des résultats très différents suivant les pays, suivant le caractère de ceux qui exercent le pouvoir, etc. A plus forte raison, la règle s'applique-t-elle quand les institutions des deux pays sont très différentes, quand on a en présence, d'une part, un gouvernement absolu, et de l'autre, un gouvernement libéral ; la Russie, par exemple, ne peut pas voir du même œil que la Suisse, les tentatives faites pour changer un gouvernement monarchique en république.

Je crois donc que l'extradition des réfugiés politiques doit être écartée, non seulement à l'époque actuelle où existe la plus grande diversité de régimes constitutionnels, mais encore dans le cas où, par impossible, cette diversité ferait place à un système uniforme ; je ne l'admets pas plus entre deux républiques ou entre deux monarchies qu'entre une république et une monarchie. Un écrivain, qui se pose en champion des idées démocratiques et qui se préoccupe d'en assurer le complet succès dans le droit public interne et dans le droit des gens, déclare que l'extradition pour faits politiques se justifiera quand le droit démocratique sera reconnu universellement. « Les peuples sont tout aussi solidaires les uns des au« tres contre les attentats à la vie humaine et à la propriété privée « que contre les attentats à la souveraineté populaire ; » si actuellement cette extradition n'est pas admise, « c'est qu'il existe des « monarchies, et que les crimes politiques pour lesquels l'extradi« tion est unanimement refusée par les Etats de l'Europe, ne sont « pas des crimes commis contre la souveraineté populaire dont le « droit est universel, mais contre la souveraineté monarchique dont « le droit est local »(2). C'est le cas de rappeler cette belle page où,

---

(1) Les cantons suisses ne se livrent pas les individus accusés de délits politiques. (Loi fédérale du 24 juillet 1852, art. 3.)

(2) Mailfer, *De la démocratie dans les rapports avec le droit international*, 1 vol. in-8, 1875, p. 159 et 160. Le même auteur admet le *droit d'intervention* quand la majorité souveraine en réclame l'exercice contre une minorité factieuse ; le droit d'extradition est aussi une

après avoir dit que la civilisation recevait une atteinte quand un coupable échappait à la punition par sa fuite à l'étranger, Prévost-Paradol ajoutait : « mais le dommage et la honte ne sont pas « moindres si l'extradition de l'étranger est trop facile, s'il suffit à « un gouvernement de réclamer partout ses nationaux pour les re- « prendre, si les frontières qui maintiennent entre les peuples une « indépendance et une diversité salutaires sont décidément abaissées « devant l'esprit de persécution et de vengeance, si les pouvoirs hu- « mains peuvent atteindre en tout lieu leurs ennemis ou leurs vic- « times, comme les centurions des Césars rejoignaient sans peine, « aux extrémités du monde alors connu, des hommes qui étaient le « dernier exemple et le dernier honneur de leur patrie dégéné- « rée (1). » On dira que l'idéal rêvé par l'écrivain dont je combats le système est encore bien éloigné, et que par suite il n'y a pas lieu de se préoccuper de l'application de sa doctrine sur l'extradition ; mais si cette doctrine était fondée, je ne vois pas pourquoi elle ne s'appliquerait pas dès à présent entre pays qui auraient les mêmes idées sur le droit constitutionnel, pourquoi, par exemple l'Autriche et l'Allemagne, la France et la Suisse, ne se livreraient pas leurs réfugiés politiques. Il n'était donc pas sans intérêt d'indiquer les motifs juridiques de la règle que j'essaie de commenter.

11. La règle ainsi justifiée, quelle en est la portée ? Quels sont les faits coupables, à raison desquels on n'accordera pas l'extradition, parce qu'ils ont un caractère politique ? Mon intention n'est pas d'étudier complètement la question de savoir quels sont les délits politiques ; c'est une question très vaste, qui présente un grand intérêt même pour l'application de la législation intérieure, puisque le caractère politique du fait peut influer sur la juridiction et sur la peine. Je ne passerai pas en revue les nombreuses définitions proposées par les criminalistes ou les publicistes de divers pays (2). Je vais droit à la pratique et je veux surtout rappeler les faits et les précédents.

12. Il y a un assez grand nombre de faits pour lesquels il n'y a pas de doute sérieux ; ainsi seront, sans contestation possible, des délits politiques : le fait de porter les armes contre son pays, d'entretenir des intelligences avec l'ennemi et autres faits analogues,

garantie nécessaire du droit de cette majorité. Il ne fait qu'appliquer aux idées démocratiques les théories de la *Sainte-Alliance*.

(1) *Revue des Deux-Mondes*, 15 février 1866, *De l'extradition des accusés entre la France et l'Angleterre*.

(2) V. surtout Ortolan, *Eléments de droit pénal*, nos 712 et suiv. Teichmann (*op. cit.*, p. 15 et suiv.) cite des définitions proposées par plusieurs criminalistes étrangers.

l'appel à l'insurrection, les conspirations pour changer l'ordre de choses établi, le complot même contre la vie du souverain (1), l'affiliation à des sociétés secrètes, l'offense aux autorités publiques, les délits de presse (sauf les attaques contre les particuliers), les infractions aux règles relatives aux élections, aux attroupements, aux réunions publiques, etc. Je veux moins faire une énumération complète que donner des exemples qui fassent bien ressortir l'idée générale. Il y aurait moins de difficulté encore pour les infractions aux lois dites religieuses, comme les lois prussiennes de mai 1873, les lois qui, dans certains pays, proscrivent des ordres religieux d'une manière absolue ou leur interdisent l'enseignement.

13. Il ne s'agit là que de ce qu'on peut appeler des délits purement politiques, c'est-à-dire dégagés de tout autre élément; le droit et l'intérêt lésés sont exclusivement politiques. Pour soustraire ces faits à l'application de l'extradition, la clause ordinaire n'est pas même nécessaire; ces faits ne sont pas mentionnés dans les traités actuellement en vigueur pas plus que dans les diverses lois sur la matière.

14. Mais il arrive fréquemment que la question ne se présente pas d'une manière aussi nette et il faut distinguer à ce sujet deux hypothèses qui ont été quelquefois confondues.

A. Les délits de droit commun peuvent se trouver mêlés à des délits politiques. Par exemple, lors d'un appel à l'insurrection, on envahit les boutiques des armuriers, on renverse les voitures, on démolit des maisons pour en former des barricades; le droit de propriété est lésé en même temps que l'ordre public est troublé. La lutte continue, des soldats sont blessés ou tués. Pourra-t-on dire qu'on a là, à proprement parler, des voleurs, des meurtriers ou des assassins? Non évidemment; le fait de l'insurrection ou de la guerre civile est le fait caractéristique et les autres faits s'y rattachent d'une manière intime; si donc on refuse l'extradition pour le fait principal, on doit la refuser également pour les faits accessoires.

15. Ce n'est pas que j'approuve la clause qu'on rencontre dans beaucoup de traités et suivant laquelle l'extradition n'aura lieu ni pour les délits politiques, ni *pour les faits connexes à de semblables délits*. C'est une clause beaucoup trop vague, trop compréhensive, puisqu'elle n'indique pas la nature du lien qui peut exister entre le fait politique et le fait de droit commun ; suffira-t-il que le fait de droit commun se soit passé pendant le temps de l'insurrection, pour que le caractère de celle-ci le protège? Le vol, le meurtre, l'assassinat, pourraient se commettre librement en temps d'insurrec-

_____

(1) C'est ce qui a été reconnu pour Ledru-Rollin.

tion et de guerre civile, sans que leurs auteurs, profitant du trouble pour fuir à l'étranger, pussent craindre d'être livrés à la justice du pays. Qui osera soutenir cela ? Même en écartant le cas de vengeance privée ou de vol individuel, est-ce que le caractère politique s'étendra à tous les actes qui pourront être commis ? Le but poursuivi, la passion politique des auteurs suffiront-ils pour écarter l'extradition, quels que soient du reste les actes qu'on reproche aux réfugiés et quand ils auraient le caractère le plus odieux ? Y a-t-il au contraire des distinctions à faire et de quelle nature ? Pratiquement, pour éviter toute difficulté, on refuse ordinairement l'extradition dans tous les cas (1), ce qui est trancher la question au lieu de la résoudre. La tendance actuelle est bien caractérisée sur ce point par l'attitude de la plupart des gouvernements européens en 1871; le caractère politique de la commune a protégé tous les faits dont elle a été la cause ou l'occasion, quelque odieux qu'ils aient été (2). La France n'a-t-elle

---

(1) Billot, *Traité de l'extradition*, p. 104-106 ; il constate la pratique sans l'approuver. M. F. Hélie, au contraire, va, en cette matière, aussi loin que possible : « Il suffit, dit-il, qu'un crime, même commun, ait été « inspiré par un intérêt exclusivement politique, pour que son caractère « se modifie immédiatement, au moins au point de vue du droit inter- « national. » Et plus loin : « Il est suffisant qu'un crime commun se rattache à un fait politique, qu'il en soit la suite et l'exécution, pour suivre son sort et profiter de son privilège. » (*Traité de l'instruction criminelle*, II, nᵒ 710.) Je ne suis pas sûr que cette doctrine concorde de tout point avec la doctrine enseignée par l'éminent auteur dans sa *Théorie du Code pénal*, I, nᵒ 410, où il dit : « Si l'agent n'a pas reculé « devant le meurtre ou le brigandage pour accomplir ses desseins poli- « tiques, il est évident que la criminalité relative de son intention ne « saurait plus le protéger et que le droit commun revendique un cou- « pable qui s'est souillé d'un crime commun. »

(2) V. dans le *Journal officiel* du 27 mai 1871 la circulaire de M. Jules Favre, ministre des affaires étrangères, aux agents diplomatiques de la France à l'étranger : « L'assassinat, le vol, l'incendie systé- matiquement ordonnés, préparés avec une infernale habileté, ne doivent permettre à leurs auteurs ou à leurs complices d'autre refuge que celui de l'expiation légale. Aucune nation ne peut les couvrir d'immunité. » On ne sait pas d'une manière précise dans quelles circonstances des de- mandes d'extradition furent faites par le gouvernement français; il ne semble pas qu'une extradition ait été accordée. Dans les Chambres bel- ges, il avait été reconnu qu'on examinerait les faits et que, s'ils consti- tuaient des crimes de droit commun, incendie, assassinat ou vol, il ne suffirait pas d'avoir été membre de la Commune insurrectionnelle de Paris pour échapper à l'extradition. (V. notamment la séance de la Cham- bre des députés du 31 mai 1871.)

pas refusé également l'extradition d'insurgés carlistes auxquels on reprochait des actes abominables? ┣

16. Je crois qu'il y a là une exagération déplorable contre laquelle on ne saurait protester trop énergiquement (1). Autant l'exception relative aux faits politiques se justifie, autant il importe de la restreindre dans de justes limites, sans quoi on risque de la compromettre et, en tous cas, d'altérer la notion du droit dans la conscience publique. Les hommes de nos jours ne sont en général que trop portés à voir avec indulgence les tentatives violentes pour changer l'ordre de choses établi, quand cet ordre de choses n'a pas toutes leurs sympathies et ne leur procure pas tous les avantages personnels qu'ils désirent. Il ne faut pas favoriser et encore exagérer cette tendance en effaçant toute distinction entre les individus qui invoquent des motifs politiques pour excuser leurs actes illégitimes, et en ne tenant aucun compte des moyens employés. Il est de l'intérêt des honnêtes gens de tous les pays et de tous les partis que la triste doctrine, la fin justifie les moyens, ne triomphe pas plus sur ce point que sur d'autres. Ceux-là mêmes qui, poussés par des mobiles divers mais n'ayant rien de bas, se laissent entraîner à attaquer les institutions de leur patrie, tout en respectant les droits privés dans la mesure du possible, tout en se conduisant en ennemis loyaux, doivent refuser cette confusion avec ceux pour qui la politique n'est souvent qu'un prétexte commode pour satisfaire leurs sentiments de haine et de cupidité et qui ne reculent devant aucune destruction. Quel avantage y a-t-il à traiter de la même manière Kossuth et Fieschi, les Polonais qui ont vaillamment lutté sur les champs de bataille et les assassins du général Bréa?

17. Sans doute, la distinction que je voudrais voir établir sera souvent difficile à faire ; mais j'admets que dans les cas douteux l'extradition devra être refusée. Voici la règle que je poserai : tout ce qui s'explique par l'insurrection et en est une conséquence directe, revêt le caractère de celle-ci au point de vue de l'extradition. Quand Kossuth, après sa défaite, se réfugia en Turquie, il était dérisoire de le réclamer sous l'inculpation de s'être approprié frauduleusement les revenus de la couronne de Hongrie. J'en dirai autant de l'accusation de meurtre ou d'assassinat dirigée contre les insurgés qui ont loyalement lutté contre les troupes du gouvernement. En posant la règle, j'en indique en même temps la portée. Si, au cours de

(1) M. Teichmann dit aussi qu'il faut soumettre le caractère des crimes politiques à une étude approfondie pour faire exclure des traités d'extradition une exception trop largement conçue (*op. cit.*, p. 42).

l'insurrection, certains individus profitent du tumulte pour satisfaire leurs vengeances particulières ou leur cupidité, si des personnes ont été mises à mort par cela seul qu'on les soupçonnait de désapprouver le mouvement insurrectionnel, si des individus ont été attirés sous le prétexte d'une entente et ont été ensuite assassinés, si des propriétés publiques ou privées ont été détruites sans que cette destruction se rattachât à la lutte, fût expliquée par la nécessité de l'attaque ou de la défense, mais simplement par la satisfaction d'une vengeance impuissante à se satisfaire autrement, je vois là non des crimes politiques, mais des crimes de droit commun, inspirés par des passions politiques, ce qui est bien différent.

18. Je trouve l'application de ces idées dans un des plus tristes épisodes de l'insurrection de juin 1848, qui a donné lieu à un débat devant la Cour de cassation. (Il s'agissait de savoir s'il fallait appliquer l'art. 5 de la Constitution du 4 novembre 1848 qui maintenait la suppression de la peine de mort en matière politique, déjà prononcée par le gouvernement provisoire.) Voici ce que disait le procureur général Dupin : « Quelle est la situation que l'information fait aux demandeurs en cassation ? Ils étaient parmi les insurgés, ils portaient les armes de l'insurrection, ils avaient pris part au combat. Refoulés à la barrière Fontainebleau, retranchés derrière la grille de cette barrière, flanqués de barricades, s'ils n'avaient fait que combattre masses contre masses, insurgés contre soldats, l'art. 5 leur serait applicable. Mais le général Bréa, au lieu de commander le feu, entreprend la pacification ; il se présente en parlementaire. Les uns auraient voulu le respecter à ce titre ; mais à d'autres vient la pensée du crime et ils forment le dessein de l'assassiner. Un long débat s'établit entre ceux qui auraient voulu le sauver et ceux qui voulaient l'immoler ; on l'abreuve d'outrages, et, après l'avoir conduit successivement dans les diverses stations de ce calvaire, un groupe d'assassins le fusille avec son compagnon d'infortunes ; on s'acharne sur son cadavre, qu'on mutile, et le crime est consommé. Est-ce là un délit politique ? Non. Est-ce là un délit pour lequel le législateur de 1848 ait voulu abolir la peine de mort ? Non (1). » La

_____

(1) Je demande la permission de citer la fin du réquisitoire à laquelle les événements ont malheureusement donné un caractère prophétique : « J'insiste près de vous pour que vous conserviez à l'article 5 de la Con- « stitution son caractère exceptionnel. Il le faut, si vous ne voulez pas « que cet article devienne un grand péril pour la morale publique et l'or- « dre social. Gardons-nous d'admettre cette doctrine que le mélange du « caractère politique soustrait à la peine de mort les crimes d'une tout

2

Cour de cassation a, en conséquence, décidé que « si l'acte aggra-
« vant la rébellion constitue par lui-même un crime de droit com-
« mun, il ne peut échapper à la peine que la loi commune pro-
« nonce ; en effet, la connexité avec l'insurrection, c'est-à-dire avec
« un autre crime, ne peut être considérée comme une excuse et
« déterminer une atténuation dela peine; l'article 5 de la Constitu-
« tion, qui a aboli la peine de mort en matière politique, ne peut,
« conformément à ces principes, profiter qu'aux crimes purement
« politiques (1). » Je ne recherche pas si cette formule n'est pas
trop restrictive ; j'indique seulement la pensée générale, qui me
paraît très juste.

19. Pour terminer avec cette hypothèse de faits commis au cours
d'une insurrection ou d'une guerre civile, je dirai que le critérium à
adopter est celui qui a été proposé par des jurisconsultes anglais (2),
et on sait que ceux-ci ne sont pas enclins à restreindre arbitraire-
ment le bénéfice du droit d'asile pour les réfugiés politiques. Il faudra voir si l'acte imputé à l'individu réclamé serait légitimé par l'état
de guerre; l'insurrection doit alors le couvrir au point de vue de

---

« autre nature. Proclamons au contraire que l'accession de ces faits
« odieux qui constituent les crimes de droit commun fait perdre au dé-
« lit politique son caractère exceptionnel. Sans cela, voyez les consé-
« quences : à la faveur d'une insurrection politique, tous les crimes de-
« viendraient permis ! Le drapeau de l'insurrection, semblable au pa-
« villon qui couvre la marchandise, protégerait le mélange de tous les
« crimes accessoires, de toutes les atrocités, telles que les vengeances
« privées, les massacres de prisonniers, le meurtre, les tortures, les
« mutilations, etc. Si un parti avait déclaré la guerre à la société, si, par
« ses tendances et la nature de son programme, il ne pouvait se remuer
« ni descendre dans l'arène, sans avoir pour auxiliaires improvisés tous les
« malfaiteurs, tous les repris de justice, ceux-ci, mélangés aux hommes
« politiques, pourraient donc joindre au fusil de l'insurrection le poi-
« gnard de l'assassin, sans avoir à redouter le frein de la peine de mort.
« Tout s'excuserait ainsi au nom de la politique ! »

(1) Ch. crim., 9 mars 1849, Dalloz, 1849, 1. 60.

(2) Clarke, *The law of extradition*, p. 170 et suiv. ; Westlake, dans
un mémoire lu en 1876 à l'Association britannique pour le progrès des
sciences sociales. En ce sens, Ortolan, *Eléments de droit pénal*, I,
nos 730-731 ; Lainé, *Traité élémentaire de droit criminel*, no 117 ; Teichmann, *op. cit.*, p. 27. Ce dernier auteur propose la formule suivante :
« L'extradition aura lieu pour faits contre les personnes, contre les pro-
« priétés ou contre la chose publique, s'ils sont commis dans une lutte
« politique intérieure ou une guerre civile et s'ils étaient illégitimes,
« même si le parti de celui qui les a commis était dans son droit. »

l'extradition. Il est bien vrai que les droits et devoirs des belligérants ne sont pas encore déterminés d'une manière suffisamment précise, que la codification tentée à Bruxelles, en 1874, semble avoir définitivement échoué ; cependant, il y a, Dieu merci ! des actes sur le caractère desquels les nations civilisées n'ont aucun doute, et, par conséquent, le critérium proposé sera souvent applicable.

20. Je n'approuve donc pas la clause, insérée dans la loi belge et un grand nombre de traités, aux termes de laquelle il n'y a pas lieu à extradition pour les faits politiques et *les faits connexes à ces délits*. L'exception est ainsi démesurément étendue, puisque tous les faits se rattachant à une insurrection par un lien quelconque seraient protégés par l'insurrection. Le projet de loi, voté par le Sénat, dit que l'extradition n'aura pas lieu *quand les crimes ou les délits auront un caractère politique;* un sénateur ayant proposé d'ajouter : *ou seront connexes à des délits politiques,* le rapporteur, M. Bertauld, *au nom de l'unanimité de la commission,* fit les observations suivantes: « Quel ne serait pas le danger d'inscrire dans la loi que la seule circonstance de la connexité avec un fait politique devrait exclure l'extradition ? Sera-t-elle plus ou moins prochaine ou éloignée, plus moins directe ou indirecte ? Quel en sera le degré ? Il y aurait là une périlleuse élasticité. On ne peut pas insérer une disposition aussi vague dans une loi. Ce que l'on peut dire, c'est ce que nous disons : que les infractions qui auront un caractère politique échapperont à l'extradition. Nous l'avons dit clairement et nous avons, je crois, donné une garantie suffisante à des agents dont le sort sans doute peut exciter l'intérêt, *quand ils ne sont pas coupables de crimes de droit commun* (1). »

21. *B.* La seconde hypothèse, sur laquelle je veux appeler l'attention, est celle de crimes de droit commun, ne se rattachant ni à une insurrection, ni à une guerre civile, mais inspirés par la passion politique. L'exemple classique est celui de l'assassinat ou de la tentative d'assassinat d'un souverain dont on veut renverser le gouvernement (2). Je vais d'abord l'examiner, parce que c'est le plus important, qu'il a donné lieu à de longues discussions, mais je montrerai qu'il n'est pas le seul.

22. On sait comment la question est née. Pendant longtemps, on n'a pas hésité à regarder comme des assassins ceux qui avaient tenté

(1) Séance du Sénat du 3 avril 1879.

(2) Il faut naturellement écarter le cas où il s'agirait d'une vengeance privée ou bien d'un meurtre tenté pour faciliter un autre crime, un vol, par exemple.

de tuer des souverains. L'extradition a été accordée même par des pays qui posaient le plus nettement le principe du refus de l'extradition pour faits politiques (1). En septembre 1854, une machine infernale fut saisie sur le chemin de fer du Nord, entre Lille et Calais; elle avait été disposée pour faire sauter le convoi qui devait transporter Napoléon III à Tournay. Un nommé Célestin Jacquin fut mis en état d'arrestation provisoire en Belgique, sur la production d'un mandat d'arrêt décerné contre lui en France pour attentat contre la personne de l'Empereur et pour tentative d'assassinat sur les personnes qui devaient faire partie du convoi impérial. Jacquin demanda sa mise en liberté en se fondant sur ce que le crime qui lui était reproché avait un caractère politique, et était par suite exclu de l'extradition d'après l'art. 6 de la loi belge de 1833. La chambre des mises en accusation de la cour de Bruxelles fit droit à sa demande, mais son arrêt fut cassé par la Cour de cassation le 12 mars 1855 (2), et la Cour de Liége, saisie de l'affaire, statua dans le même sens, par arrêt du 29 mars 1855. Jusque-là il ne s'agissait que de l'arrestation provisoire, attendu que, d'après la convention francobelge de 1834, alors en vigueur, un arrêt de renvoi devant la Cour d'assises était nécessaire pour obtenir l'extradition. Celle-ci fut demandée par le gouvernement français, qui produisit un arrêt de la Cour de Douai, qui renvoyait Jacquin devant la Cour d'assises pour tentative d'assassinat et pour complot contre la vie de l'Empereur. La chambre des mises en accusation de la Cour de Bruxelles, consultée par le gouvernement conformément à la loi, fut d'avis qu'il n'y avait pas lieu à extradition. Je ne discuterai pas cet avis, ce qui m'entraînerait trop loin ; je ferai seulement remarquer que le caractère de crime commun n'était peut-être pas suffisamment accusé par la demande; la *tentative d'attentat* peut ne pas constituer une tentative d'assassinat. Le complot contre la vie du souverain est un crime politique, comme cela a été établi par une consultation célèbre, délibérée par un grand nombre d'avocats du barreau de Paris, à propos de Ledru-Rollin, et comme cela a été admis en 1870 par le gouvernement impérial lui-même, sur le rapport de M. E. Ollivier, garde des sceaux (3).

22. Le gouvernement belge n'était pas lié par l'avis de la Cour de Bruxelles; sa situation était très délicate; pour le tirer d'embarras, le

---

(1) V. les exemples cités par Billot, *op. cit.*, p. 113.
(2) Le texte est rappporté par Billot; v. aussi *Pasicrisie*, 1855.
(3) V. ce rapport dans Dalloz, 1870, 3, 15.

gouvernement français retira une demande, qu'il était également difficile à la Belgique de rejeter ou d'accueillir. Au commencement de 1856, le ministère belge déposait un projet qui devint la loi du 22 mars 1856 et qui était ainsi conçu: « Ne sera pas réputé délit politique « ni fait connexe à un semblable délit, l'attentat contre la personne du « chef d'un gouvernement étranger ou contre celle des membres de sa « famille, lorsque cet attentat constitue le fait soit de meurtre, soit « d'assassinat, soit d'empoisonnement. » Il y eut des débats très longs et très vifs à la Chambre des députés, mais il est important de constater que l'opinion de la Cour de Bruxelles n'a trouvé aucun défenseur, qu'on fut en désaccord sur les délits connexes, sur la meilleure formule à adopter, mais que, dans les deux Chambres, on s'accorda à dire que la qualité de la victime ou le mobile du délinquant ne suffisaient pas pour changer la nature du fait et que l'assassinat d'un souverain était un assassinat. M. Frère-Orban, le chef de l'opposition libérale, disait (2) : « Que le fait de meurtre, d'assassinat ou d'empoi- « sonnement ne puisse être réputé délit politique, c'est ce que nous « voulons tous. » Il distinguait celui qui commet un homicide dans une lutte ouverte et celui qui, même dans des vues politiques, ne craint pas de recourir au crime. Un autre adversaire du projet, qui reprochait au gouvernement d'avoir reçu un texte *ne varietur*, s'écriait : « Il n'y a pas deux opinions dans la Chambre sur le point de savoir « si on extraderait un Louvel, un Fieschi (3). » Depuis 1856, la Belgique, sous ses différents ministères, a inséré la clause dans ses traités ; la loi de 1856 a été maintenue lors de la révision de la législation de la matière, opérée en 1868 et en 1874.

23. Le 22 septembre 1856, la France concluait avec la Belgique un traité pour stipuler que la disposition réglerait leurs rapports (3). La même clause a été insérée dans presque tous les traités d'extradition conclus par le gouvernement impérial (4) ; on la retrouve dans des traités récents conclus par la République, notamment en 1874 avec la Belgique, en 1876 avec Monaco, en 1877 avec le Danemarck ; ces traités ont été approuvés par le Parlement et le dernier

---

(1) Séance du 21 février 1856.

(2) « Au milieu des divergences, une pensée commune a réuni l'unani- « mité des suffrages, l'idée aussi morale que démocratique d'appliquer « au monarque étranger, comme au plus humble de ses sujets, la règle « de l'égalité devant la loi. » Rapport d'une commission spéciale à laquelle le projet fut renvoyé.

(3) La clause a été maintenue dans les traités de 1869 et de 1874.

(4) V. l'énumération faite par Billot, *op. cit.*, p. 118.

l'a été par les Chambres actuelles. On trouve également la clause dans des traités intervenus entre des puissances autres que la Belgique et la France (1).

24. On peut donc dire que la doctrine du gouvernement français et des Chambres françaises est que l'assassinat ne perd pas son caractère à raison de la qualité de la victime et du mobile de l'assassin. Il n'y a pas à objecter que la clause dont nous parlons ne se trouve pas dans tous nos traités (2), parce que l'omission de cette clause dans certains traités prouverait seulement à la rigueur que l'autre partie contractante avait une manière de voir différente et encore y a-t-il des réserves à faire à ce sujet, ainsi que je vais le démontrer. La clause est absente du traité conclu avec la Grande--Bretagne le 14 août 1876, du traité conclu avec la Suisse le 9 juillet 1869 et du traité conclu avec l'Italie le 12 mai 1870 ; nous savons, en outre, d'une manière positive, que le gouvernement français a insisté vainement pour l'insertion de la clause dans ces deux derniers traités. Faut-il en conclure qu'en Angleterre, en Suisse, en Italie, on admettrait la théorie d'après laquelle l'assassinat est un crime politique, quand la victime est un chef d'Etat ? Pas le moins du monde, ainsi que cela résultera des explications suivantes.

25. Dans l'enquête à laquelle il a été procédé en Angleterre en 1868 sur la matière de l'extradition, la question a été agitée ; la loi belge de 1856 a été mentionnée à plusieurs reprises et toujours avec approbation ; on a dit qu'il y avait une différence essentielle entre celui qui, dans une lutte ouverte, tue un soldat ou un gendarme, et celui qui assassine un policeman qui se promène dans la rue ou qui est chargé de l'arrêter, bien que la passion politique ait pu jouer un rôle dans les deux cas (3). L'une des résolutions de la commission, composée d'hommes politiques de divers partis (il y avait entre autres le philosophe Stuart Mill, Stansfeld, l'ami de Mazzini, etc.), portait : « Il sera stipulé par l'Acte du Parlement que tout traité exclura expressément de l'extradition les personnes accusées de crimes auxquels la

---

(1) Traité du 9 mars 1876 entre l'Allemagne et le Luxembourg; traité du 21 mars 1877 entre l'Espagne et la Russie; traité du 8 avril 1879 entre le Danemark et le Luxembourg.

(2) On a dit que le gouvernement impérial avait abusé de son ascendant sur les petits Etats pour leur faire accepter la clause ; mais on oubliait ou on ignorait que la clause a été adoptée par les Chambres depuis 1870.

(3) *Report from the select Committee on extradition. — Minutes of evidence*, nᵒˢ 619-620.

partie requise assignera un caractère politique, *pourvu que cette exception ne comprenne pas les personnes accusées d'un crime qui, dans l'opinion de la partie requise, constituerait un assassinat ou une tentative d'assassinat* (1). » Si je prends un fait bien connu, l'assassinat du président Lincoln, je constate que deux jurisconsultes anglais, dont le nom fait autorité en cette matière, ont déclaré qu'à leur avis l'extradition aurait dû être accordée sans difficulté, si l'assassin s'était réfugié en Angleterre (2). La commission royale, nommée en 1877, s'exprime en termes non moins nets ; après avoir rappelé la règle admise en ce qui touche les crimes politiques et proposé de la maintenir, tout en reconnaissant le caractère souvent odieux du rebelle qui trouble la paix de son pays et donne lieu à des désordres et à l'effusion du sang pour des motifs intéressés ou par insouciance des malheurs amenés par les discordes civiles, elle ajoute : c'est une chose toute différente quand pour atteindre quelque but politique ou prétendu politique, un crime abominable, comme un assassinat ou un incendie, est commis (assassinat d'un souverain, d'agents de la force publique, incendie d'une prison). Il n'y a pas de raison de faire exception pour des faits de ce genre, bien qu'il aient pu être inspirés par des motifs politiques. Ainsi un magistrat ne doit pas être considéré comme autorisé à refuser l'extradition d'une personne accusée d'un fait qui (en ne tenant pas compte de ces motifs) constituerait un crime ordinaire, à moins que l'acte en question ne soit arrivé en temps de guerre civile ou d'insurrection ouverte (3). On voit donc combien est fausse l'opinion très répandue d'après laquelle, en An-

---

(1) *Report*, etc., 5e résolution.

(2) Clarke, *The law of extradition*, app. XXXIV ; Westlake, Q. C., dans un très remarquable mémoire lu en 1876 à Liverpool devant l'Association britannique pour le progrès des sciences sociales et intitulé : *What are the limitations within which extradition should be recognized as an international duty ?* Ce dernier dit très justement : A mon avis, le caractère politique ou non politique d'un acte, qui est légalement criminel, n'est pas déterminé par l'existence ou la non existence de motifs politiques, mais il dépend de la nature de l'acte considéré en lui-même. Ainsi le meurtre du président Lincoln était inspiré par la haine politique, mais c'était un meurtre, et si le meurtrier s'était réfugié dans ce pays, j'aurais considéré son extradition comme un de nos premiers devoirs nationaux. L'auteur indique en outre qu'il en serait de même si l'assassinat faisait partie d'un plan d'insurrection dont il devait constituer le premier acte d'exécution.

(3) *Report of the commissioners*, §3, et notre *Etude sur l'extradition en Angleterre*, 1879, p. 18.

gleterre, le but politique couvrirait tout et protégerait contre l'extradition des meurtriers et des assassins. Je ne connais pas de *précédent judiciaire;* il est vrai qu'on cite ordinairement l'*affaire Bernard* pour prouver que l'Angleterre refuse l'extradition en pareil cas, mais cette affaire n'avait rien de commun avec l'extradition. Le réfugié français Bernard fut, en 1858, renvoyé devant la Cour criminelle d'Old-Bailey à raison de sa participation à l'attentat d'Orsini; il s'agissait de faits qui s'étaient passés en Angleterre et pour lesquels la question d'extradition ne se présentait pas. Bernard fut acquitté après la plaidoirie d'un avocat radical qui fit l'apologie de l'assassinat politique. Ce verdict, qui fut blâmé par presque toute la presse anglaise, ne peut être invoqué en notre matière, pas plus que le verdict du jury russe qui a acquitté Vera Sassoulich.

26. Nous connaissons les motifs pour lesquels la Suisse a refusé l'insertion de la clause relative aux attentats à la vie des souverains. Elle a invoqué la différence des principes sur lesquels reposait l'organisation politique des deux pays (1), et l'absence de clause de ce genre dans les autres traités conclus par elle ; mais cela n'implique en rien de la part de celle-ci l'intention de reconnaître le caractère de crime politique à l'assassinat d'un souverain. « La Confédération saura remplir loyalement ses devoirs vis-à-vis d'un État voisin et ami. Elle entend seulement se réserver le droit plein et entier d'examiner, pour le cas d'attentat contre le souverain comme pour les cas ordinaires, si le fait a un caractère politique ou non (2). » Le rapport fait par la commission du *Conseil national* dit à ce sujet : « Les familles royales ou princières ne peuvent être l'objet d'aucune exception à leur détriment, mais elles ne doivent être aussi l'objet d'aucun privilège. » J'ai tout lieu de supposer que c'est pour des motifs analogues qu'en 1870 le gouvernement italien a repoussé la clause.

27. Après l'exposé de ces précédents qu'il n'était pas, je crois, inutile de rappeler, il me sera facile d'indiquer la doctrine que je crois exacte; elle se trouvera confirmée à l'avance par les grandes autorités que j'ai citées.

---

(1) En France, l'attentat à la personne de l'empereur constituait un crime spécial, art. 86 et 87 C. pén., tandis qu'en Suisse la vie du président de la Confédération n'est pas protégée autrement que celle de tout autre citoyen; il en est de même actuellement en France pour le président de la République, auquel on ne saurait appliquer les articles 86 et 87. Cf. F. Hélie, *Pratique criminelle*, II, n° 159.

(2) Message du Conseil fédéral accompagnant la présentation du traité à l'Assemblée fédérale. V. aussi Teichmann, *op. cit.*, p. 38.

Je n'admets pas qu'il y ait un crime politique par cela seul que le. fait a été commis dans un but politique ou sous l'empire de la passion politique. Par exemple, en dehors de toute lutte ouverte, un individu, persuadé que la vie de telle personne met obstacle à la réalisation de ses espérances politiques, tue cette personne ou tente de la tuer, il n'y a pas là un crime politique dans le sens où l'expression doit être prise ici ; il y a un assassinat commis sous l'empire de la passion politique, ce qui est bien différent. Pourquoi la passion politique aurait-elle plus d'effet que toute autre passion qui pourrait être au moins aussi excusable? Au point de vue juridique, il n'y a pas plus d'*assassinat politique*, qu'il n'y a à distinguer suivant que l'assassinat est commis par vengeance, par cupidité, etc. ; le fait est toujours le même, quelque variées que puissent être les circonstances dans lesquelles il se produit. Qu'au point de vue international, la criminalité ne soit pas aggravée par le but politique poursuivi ou par le caractère public de la victime, c'est tout ce qu'on peut exiger. La conscience nous dit, à moins d'être singulièrement obscurcie par les préventions des partis, que ceux qui ont tué le président Lincoln, le duc de Berri, Rossi, que Fieschi, Orsini, Nobiling, Passanante ou Otero ont commis des assassinats ou des tentatives d'assassinat. Au point de vue moral, il a pu y avoir des différences entre ces individus, comme il peut y en avoir entre ceux qui agissent sous l'empire de passions non politiques ; ils n'en sont pas moins tous des assassins ou des meurtriers dans toutes les langues et dans toutes les législations. L'indulgence pour le criminel qui sacrifie sa vie pour assurer le triomphe de ses idées (1), la sympathie pour ses idées, l'antipathie pour sa victime et le régime qu'elle représente, ne doivent pas faire illusion, sans quoi toute notion de droit et de justice disparaît.

28. Les motifs mêmes qui expliquent la règle admise pour les crimes politiques (v. n° 8) ne sauraient être invoqués pour soustraire à l'extradition les individus dont je parle. Il peut y avoir et il y a souvent des doutes sur la légitimité d'un gouvernement, des moyens par lesquels il s'est établi et se maintient ; par suite, on peut ne pas envisager de la même manière les tentatives faites pour le renverser et avoir plus ou moins d'indulgence ou même de sympathie pour les auteurs de ces tentatives. Peut-on dire la même chose d'un assassi-

---

(1) Les progrès de la science ayant été utilisés par les criminels, ceux-ci peuvent se tenir prudemment à distance, attendre l'effet de leur engin à longue portée et avoir le temps de mettre la frontière entre eux et la justice. S'ils ont la certitude d'un refuge à l'étranger, ils sont naturellement encouragés par l'espérance de l'impunité.

nat froidement combiné et exécuté, d'un déraillement de chemin de-
fer, de l'explosion d'un édifice ou de tout autre de ces actes abominables trop fréquents de nos jours? Sera-t-on embarrassé pour qualifier de pareils faits? J'espère qu'il ne se trouverait pas un homme
dont l'opinion ait quelque valeur, pour affirmer que celui qui assassine ou tente d'assassiner un chef d'État est digne de l'estime des
honnêtes gens, et que l'assassinat est au nombre des moyens à em-
ployer pour transformer un régime politique. Les Belges, qui luttè-
rent vaillamment pour leur indépendance en 1830, ne seraient pas
flattés d'être assimilés à ceux qui luttent avec le poignard ou les
bombes explosibles.

29. Autrement, où s'arrêtera-t-on? Le plus souvent on ne pense
qu'à l'attentat contre un souverain ou un chef d'État; mais tout individu jouant un rôle politique important peut gêner un fanatique;
Rossi a été tué, M. de Bismarck a été attaqué. Il n'y a pas que
le meurtre ou l'assassinat qui puissent être inspirés par des mobiles
politiques. On peut vouloir par tous les moyens procurer des res-
sources à son parti. Y aura-t-il des *escroqueries politiques* comme on
veut admettre des *assassinats politiques*? Ce n'est pas une hypothèse faite à plaisir. Il n'y a pas très longtemps qu'un individu,
arrêté sous l'inculpation d'un vol considérable au préjudice d'une
administration publique, se défendait en alléguant que ce n'était pas
dans son intérêt personnel qu'il avait commis le détournement, mais
qu'il avait l'intention de donner la somme à une société secrète dont
il faisait partie.

30. Une affaire, peu connue en France, va montrer que je n'exa-
gère rien en disant que la doctrine de l'assassinat politique ne concerne pas seulement les souverains, mais toute personne qui peut, à
un moment donné, être l'objet d'une haine politique. La Cour de
justice de Saint-Pétersbourg, par arrêt du 15 juillet 1871, avait constaté que, dans l'automne de 1869, une société secrète s'était formée à
Moscou dans le but de renverser le gouvernement. Plusieurs individus
étaient déclarés coupables d'avoir fait partie de cette société secrète
et, en même temps, d'avoir, en qualité de complices, et sur l'instiga-
tion de Netchaieff, coopéré à l'assassinat de l'étudiant Ivanoff, en
l'attirant dans un lieu isolé. Netchaieff avait réussi à passer à l'étranger; il fut signalé en Suisse et arrêté en août 1872 (il n'y avait pas
à cette époque de convention d'extradition entre la Suisse et la Russie). Netchaieff essaya d'abord de nier son identité, puis il prétendit
que son extradition ne pouvait être accordée, parce qu'il s'agissait
d'un fait politique; il n'avait pas d'animosité personnelle contre
Ivanoff, et si celui-ci avait été sacrifié, c'est parce qu'il y avait tout

lieu de craindre qu'il ne trahît le secret du complot. Netchaieff fut énergiquement soutenu par la plupart des réfugiés politiques, qui cherchèrent à faire de l'agitation en sa faveur et à exercer une pression, soit sur le gouvernement fédéral, soit sur le gouvernement de Zurich, sur le territoire duquel avait eu lieu l'arrestation, et qui, en l'absence de traité, devait décider souverainement la question : ils prétendirent que le fait était politique, quelque odieux qu'il pût paraître, et que, si la Suisse ne voulait pas perdre son ancien renom d'hospitalité, la seule mesure, à laquelle elle pût recourir en pareil cas, était l'expulsion. Après avoir obtenu les pièces établissant les circonstances dans lesquelles le fait s'était produit, et la promesse que Netchaieff ne pourrait être jugé pour aucun fait autre que celui de l'assassinat d'Ivanoff, le Conseil fédéral fut d'avis qu'il y avait lieu d'accorder l'extradition, et celle-ci fut ordonnée par le gouvernement de Zurich en octobre 1872 (1). Voilà un précédent qui a bien son importance, parce que les autorités d'où il procède ne sont pas suspectes en pareille matière.

31. Je n'approuve pas sans réserve la clause de la loi belge de 1856, parce qu'on pourrait être tenté d'en conclure *a contrario* que l'assassinat ou la tentative d'assassinat d'une personne autre qu'un souverain pourrait être considéré comme un délit politique (2). Il n'y a pas lieu de faire cette distinction. Ce n'est ni l'intention du délinquant, ni la qualité de la victime qui modifient la nature du fait, qui doit être apprécié d'après les éléments qui le constituent. Sur ce point, je crois qu'il n'y a pas beaucoup de divergence entre les jurisconsultes. Sans doute, ceux-ci sont loin de s'entendre sur la définition à donner du crime politique, sur la formule générale qui permettra de distinguer les crimes politiques des crimes de droit commun ; quelques-uns pensent qu'il est chimérique de chercher cette formule, parce qu'il s'agit de faits beaucoup trop variés pour être soumis à une règle unique, et je suis de l'avis de ces derniers. Mais en présence d'un fait déterminé, d'un assassinat qui ne se distingue de tout autre assassinat que par la passion politique de son auteur ou la qualité de la victime, je crois pouvoir affirmer que bien peu de jurisconsultes hésiteraient à dire qu'il y a là un crime de droit commun, qui ne peut bénéficier de l'exception admise pour les crimes politiques. A l'appui de mon affirmation, je puis invoquer ce qui s'est

---

(1) On annonça que le Conseil fédéral serait interpellé dans la session suivante, mais il n'y eut rien. Le gouvernement de Zurich fut interpellé, mais sa conduite fut approuvée par le Conseil d'Etat du canton.

(2) Voir d'autres critiques dans Teichmann, p. 33-34.

passé dans une session tenue à Bruxelles, en septembre 1879, par
l'*Institut de droit international* ; il y avait là des jurisconsultes allemands, anglais, autrichiens, belges, danois, français, hollandais,
italiens, russes, suisses (1). On discuta diverses formules proposées
pour distinguer les crimes politiques des crimes de droit commun :
elles furent toutes rejetées; mais un membre, qui avait particulièrement insisté pour le rejet de ces formules qui étaient, suivant lui, ou
trop larges ou trop restrictives, fit remarquer qu'il n'était pas sans intérêt de constater que des jurisconsultes de diverses nationalités, étrangers aux passions politiques, animés seulement de la passion du
droit et de la justice, avaient été unanimes à reconnaître que l'assassinat conservait son caractère, malgré le mobile politique qui avait
pu inspirer le crime. Cette observation ne donna lieu à aucune ré-
clamation et peut donc être considérée comme l'expression de la pensée des membres présents (2).

32. Je dois faire encore quelques remarques spéciales au cas d'un
attentat contre un chef d'Etat. S'il s'agit d'un président de République, pour lequel il n'y a aucune disposition particulière dans la législation, comme c'est le cas en Suisse et actuellement en France, aucune difficulté ne saurait se présenter. L'extradition sera accordée,
à raison d'un crime dirigé contre lui, exactement de la même manière que si le délinquant s'était attaqué à toute autre personne, les
conséquences devant être les mêmes pour la juridiction et la peine.

---

(1) Ces divers pays étaient représentés comme suit : ALLEMAGNE,
Bluntschli, de Bar, Bulmerincq, Gessner, Schultze. ANGLETERRE, Hol-
land, Westlake, Twiss, Baker. AUTRICHE, Neumann. BELGIQUE, Rolin-
Jaequemyns, Arntz, Rivier, Laveleye, A. Rolin. DANEMARK, Goos.
FRANCE, Clunet, Renault, Montluc, Clère. GRÈCE, Saripolos. HOL-
LANDE, Asser. ITALIE, Brusa. RUSSIE, Martens, Kamarowsky. SUISSE,
Moynier, Brocher.

(2) Pour être complet, je dois dire qu'un membre de l'*Institut de droit
international* qui n'était pas à Bruxelles, le savant professeur genevois
J. Hornung, a exprimé l'opinion que le régicide était un délit politique
auquel ne devait pas s'appliquer l'extradition. V. la note insérée à la
suite du travail de M. Teichmann, p. 44 et 45. Après avoir dit qu'à son
avis le régicide doit rester en principe un délit politique et par conséquent soustrait à l'extradition, M. Hornung ajoute : « Nous pouvons d'autant mieux le dire qu'il y a aujourd'hui une compensation très positive
et trop peu remarquée à ce principe, dans le fait qu'aujourd'hui les
Etats punissent de plus en plus les délits contre le droit des gens commis sur leur territoire. Or, parmi ces délits se place l'attentat contre les
chefs de gouvernements étrangers. » J'avoue ne pas me rendre compte
de la nature de cette compensation.

Dans les monarchies, au contraire, il y a presque toujours une protection toute spéciale pour le souverain ; d'une part, certains faits dirigés contre lui sont punis, alors qu'ils ne le seraient pas s'il s'agissait de particuliers ; pour ces faits, pour le complot par exemple, l'extradition ne devrait pas être accordée, puisqu'il y aurait alors une assistance politique directe donnée par le pays de refuge à l'Etat requérant (1); d'autre part, les faits de droit commun peuvent entraîner des conséquences différentes, à raison de la qualité du souverain, soit au point de vue de la juridiction, soit au point de vue de la peine ; ainsi une juridiction exceptionnelle pourra être chargée de statuer, et le meurtre du souverain pourra être puni de mort, alors que le meurtre d'un particulier ne serait puni que des travaux forcés à perpétuité. Dans la rigueur des principes, il faudrait dire que l'extradition sera subordonnée à la condition que l'individu réclamé sera jugé et puni comme s'il avait tué ou voulu tuer un particulier, parce que la vie d'un souverain étranger ne doit être ni plus ni moins protégée que celle d'un citoyen. Ce serait le plus souvent une condition impossible à remplir (2), et on n'en a pas tenu compte dans la clause insérée dans les traités de la France; du reste, dans la plupart des pays, il n'y aurait pas, je crois, grand intérêt à faire la distinction.

33. Dans certains pays, au contraire, il y a une différence bien tranchée entre les crimes dirigés contre les particuliers et les crimes dirigés contre le souverain. Je donnerai à ce sujet des explications sur la législation russe, sur laquelle un fait récent a appelé l'attention. On sait que, le 1er décembre 1879, une explosion s'est produite sur le chemin de fer de Moscou-Koursk, et qu'un train de voyageurs, engagé sur la voie, a été renversé. De l'examen matériel des lieux, il est résulté que l'explosion avait été produite au moyen d'une mine pratiquée sous le remblai du chemin de fer, et que la galerie de la mine avait été conduite d'une maison se trouvant à proximité. L'enquête, à laquelle il fut alors procédé, établit, paraît-il, que ladite maison avait été achetée par un certain Hartmann, qui avait donné un faux nom, qui avait habité cette maison pendant la durée des travaux de mine, qui avait acquis les matériaux et instruments nécessaires pour la mine et l'explosion, et qui enfin avait disparu aussitôt

---

(1) V. par exemple dans le Code pénal russe les articles 241 et 242 qui énumèrent les faits qui constituent un attentat à la personne de l'empereur.

(2) « Si les régicides avaient dû et pu être jugés à l'étranger comme de simples assassins, nul doute qu'ils n'eussent été extradés comme les autres. » (Teichmann.)

après l'événement. En conséquence de ces constatations matérielles et de cette enquête, le juge d'instruction rendit une décision portant qu'il y avait des raisons suffisantes d'appeler en justice ledit Hartmann pour répondre du fait d'avoir détérioré avec préméditation un chemin de fer avec l'intention de mettre en péril le train engagé sur la voie.

34. Le 15 février 1880, la police arrêtait à Paris un individu disant s'appeler Mayer, que l'ambassade de Russie prétendit être Hartmann, et dont elle demanda l'extradition pour le faire juger à raison du fait que je viens de qualifier. Une vive polémique s'engagea dans les journaux, un certain nombre prétendirent que Hartmann était un nihiliste, que l'explosion avait été combinée pour faire sauter le train contenant l'empereur de Russie, et qu'ainsi accorder l'extradition, ce serait livrer un réfugié politique. Disons tout de suite que l'extradition a été refusée, mais le refus a été fondé sur ce que l'identité de l'inculpé et sa participation aux faits qui lui étaient reprochés n'étaient pas suffisamment établies; l'individu arrêté a aussitôt quitté la France. Nous sommes donc parfaitement à l'aise pour examiner la question de savoir si, en ce qui touche le caractère du fait incriminé (1), la demande de la Russie était conforme aux principes du droit international.

35. Sur ce point spécial, il ne saurait, à mon avis, y avoir de doute sérieux, et, après les explications dans lesquelles je suis entré, il ne me faudra pas longtemps pour le démontrer. Les précédents que j'ai cités prouvent que la doctrine reçue en Angleterre, en Belgique, en Suisse comme en France, est qu'un crime commun ne change pas de nature et n'est pas assimilé à un crime politique par suite du but que se proposait l'auteur ou de la qualité de la victime qu'il a principalement eue en vue parmi les nombreuses personnes qui pouvaient être tuées par l'explosion. Une demande d'extradition pour tentative d'assassinat de l'empereur de Russie aurait été littéralement conforme au principe inséré dans un grand nombre de traités conclus par la France, puisqu'il est dit formellement qu'on ne considère pas comme un délit politique l'attentat à la vie d'un souverain étranger, quand cet attentat constitue le crime d'assassinat. Toutefois il y aurait eu une grande différence entre les deux cas. Le fait relevé à la charge d'Hartmann dans la demande d'extradition (détérioration d'un chemin de fer avec l'intention de mettre en péril le train engagé

---

(1) Je n'ai l'intention d'examiner que ce point. La demande d'extradition pouvait soulever d'autres questions, à raison notamment de ce que la France n'est pas liée par un traité avec la Russie.

sur la voie) est un crime de droit commun, traité comme tel au point de vue de la juridiction compétente (tribunal d'arrondissement et jury, art. 201 Code d'instruction criminelle de 1864) et de la peine (travaux forcés de 12 à 15 ans ou à perpétuité, art. 1081 et 1082, 1452 et 1453 du Code pénal). Le crime d'attentat à la vie de l'Empereur est traité tout autrement; il est puni de mort (art. 241 du Code pénal), la peine de mort, à la différence de ce qui a lieu chez nous, étant supprimée en Russie pour les crimes communs et n'étant maintenue que pour les crimes d'Etat (1); il y a aussi une juridiction spéciale pour ces crimes; elle a été organisée par une loi du 9 mai 1878.

36. L'affaire présentait donc ce caractère particulier que l'extradition aurait pu être accordée par application de l'idée rapportée plus haut que la vie des souverains ne doit être ni plus ni moins protégée que celle des particuliers; la nature du fait avait permis de faire abstraction de la qualité de la personne visée par l'entreprise, ce qui ne pourrait pas avoir lieu dans le cas d'une tentative ordinaire, ainsi que je l'ai montré plus haut (2). C'est bien aussi ce qui distingue cette affaire de l'affaire Jacquin; dans celle-ci, il était douteux qu'il y eût eu commencement d'exécution, tandis qu'en Russie il y avait eu exécution; Jacquin était réclamé comme inculpé d'attentat à la vie de l'Empereur et de complot; Hartmann n'était inculpé que du fait de détérioration du chemin de fer et la circonstance aggravante résultant de l'intention du délinquant était écartée. J'ai tenu à m'expliquer sur des questions qui ont occupé l'opinion publique pendant quelques jours, mais je répète que, par suite de la tournure que l'affaire a prise, le gouvernement n'a pas eu à envisager la demande d'extradition sous cet aspect (3).

---

(1) L'article 241 et l'article 242 du Code pénal contiennent également des règles toutes spéciales en ce qui concerne les éléments de l'attentat punissable.

(2) Nº 32. — Le gouvernement russe se conformait donc aux principes en écartant l'idée d'attentat contre l'Empereur et il n'est pas juste de dire, comme on l'a fait, qu'il a eu recours à un stratagème blessant et qu'il cherchait sciemment à tromper l'opinion publique. Cela aurait pu se comprendre si, en obtenant l'extradition pour un fait de droit commun, il avait par là même acquis le droit de juger l'extradé pour d'autres faits ou pour le même fait autrement qualifié, mais il n'en est rien.

(3) L'affaire ne pourra donc être invoquée comme précédent, ni dans un sens ni dans l'autre, pour la question qui fait l'objet de la présente étude. La plupart des journaux se sont demandé ce que ferait l'Angleterre, si la Russie lui demandait l'extradition du prétendu Hartmann

37. On a vu dans quelle mesure il convient d'appliquer la règle qui excepte les faits politiques de l'extradition, si on veut rester fidèle aux principes du droit et de la justice et si on ne veut pas, par une extension démesurée, compromettre la règle elle-même (1). Je dois ajouter que cette restriction nécessaire aura d'autant plus de chance d'être acceptée et présentera d'autant moins d'inconvénients que la procédure de l'extradition offrira plus de garantie. Quand tout se fait secrètement, que le gouvernement, par lui-même ou ses agents, instruit et décide seul l'affaire, l'extradition d'un individu qui a été, dans une mesure quelconque, mêlé à des événements politiques, et qui trouve facilement des sympathies parmi les gens qui ont les mêmes opinions et les mêmes haines, semble un acte de complaisance pour un gouvernement étranger cherchant plus à se venger qu'à punir. C'est pour éviter toute suspicion de ce genre que les gouvernements, exagérant la règle, refusent l'extradition d'une manière absolue et fournissent un asile inviolable à des gens qui souvent se sont conduits comme de vulgaires malfaiteurs, qui ont obéi aux passions les plus viles, mais qui ont eu l'habileté d'arborer une bannière politique pour déguiser l'odieux de leurs actions. Si l'extradition n'avait lieu qu'après décision ou, du moins, avis de l'autorité judiciaire, éclairée par des débats contradictoires et publics qui feraient ressortir le véritable caractère des faits, je suis convaincu qu'elle serait souvent accordée dans des hypothèses où on la refuse aujourd'hui. L'opinion publique courrait moins risque de s'égarer et la responsabilité du gouvernement serait allégée, en même temps que les exigences du droit et de la justice seraient satisfaites.

L'hypothèse ne peut pas se présenter, attendu qu'il n'y a pas de traité d'extradition entre l'Angleterre et la Russie, et que, d'après la législation anglaise, l'extradition suppose nécessairement un traité. V. mon *étude sur l'extradition en Angleterre*, p. 9, 13 et 14.

(1) Je ne me préoccupe pas ici de toutes les questions auxquelles peut donner lieu une extradition, des précautions qu'il y aurait à prendre relativement à la juridiction compétente, aux effets de l'extradition, etc. J'ai voulu seulement appeler l'attention sur le caractère des faits.

Paris. — Imp. A. PARENT, rue Monsieur-le-Prince, 29-31.

JOURNAL

DU

DROIT INTERNATIONAL PRIVÉ

ET DE LA

JURISPRUDENCE COMPARÉE

FONDÉ ET PUBLIÉ PAR

M. ÉDOUARD CLUNET

Avocat à la Cour d'Appel de Paris, etc

1880 (septième année).

AVEC LE CONCOURS DE MM. BROCHER, DEMANGEAT, DUBOIS, FIORE, HOLTZENDORFF, LABBÉ, LAURENT, LOUIS, MANCINI, LYON-CAEN, PHILLIMORE, PASQUIER, RENAULT, WHARTON, ETC.

Le journal s'occupe spécialement des matières suivantes :

1° Droits et obligations des Etrangers en France et dans les principaux pays ;

2° Questions pratiques soulevées par les rapports internationaux au point de vue *civil, commercial* et *pénal.*

3° Jurisprudence des *Tribunaux des principaux pays* sur les questions d'intérêt usuel.

**Prix de l'abonnement : Un an ; France, 12 fr. 50 ;
Union postale, 15 fr.**

On s'abonne à Paris, chez MM. MARCHAL, BILLARD ET Cⁱᵉ, libraires de la Cour de cassation, 27, place Dauphine, à Paris Et chez les principaux libraires de France et de l'Étranger.

COLLECTION DU JOURNAL :

Les six premières années (1874-1879), avec tables, sont en vente. Prix de chaque année : France, 12 fr. 50 c. Étranger 15 fr. Les années 1874 et 1875 (*rares*), se vendent 20 fr. chacune.

Paris. — Typ. A. PARENT, rue Monsieur-le-Prince, 29-31.

www.ingramcontent.com/pod-product-compliance
Lightning Source LLC
Chambersburg PA
CBHW060903180626
46818CB00004B/1825